LINGUAGGIO DEL CORPO

Leggere la mente delle persone
con la comunicazione non verbale

Introduzione

Se ci chiedessimo cosa, più di tutto, ha permesso all'*homo sapiens* di evolversi al di sopra di tutte le altre specie animali, una sarebbe la risposta: la sua specifica capacità di comunicare.

Ma cos'è esattamente la comunicazione e cosa differenzia il modo di comunicare dell'uomo da tutti gli altri esseri viventi?

"La comunicazione è ogni processo consistente nello scambio di messaggi, attraverso un canale e secondo un codice, tra un sistema (animale, uomo, macchina ecc.) e un altro della stessa natura o di natura diversa."

Questa è la complicata definizione di comunicazione data dagli esperti e studiosi di comunicazione umana della Scuola di psicoterapia di Palo Alto in California, che ha nel professor Paul Watzlawick uno dei suoi massimi esponenti.

Vediamo di capirci qualcosa.

LA COMUNICAZIONE UMANA

Il termine comunicazione deriva dalla lingua latina ed è composto dalle parole *communis* e *agere*: il significato più letterale della comunicazione è, quindi, mettere in comune. Scavare nella storia delle parole ci consente di comprenderne appieno il significato e di cogliere delle sfumature che potrebbero sfuggire a una pronuncia distratta.

Quando comunichiamo mettiamo in comune. Cosa? Quello che diciamo, l'oggetto della nostra comunicazione, certo. Ma, soprattutto, mettiamo in comune noi stessi. E non solo quella parte di noi che vogliamo che gli altri percepiscano. Inevitabilmente e inconsciamente, rendiamo partecipi gli altri anche delle parti più nascoste del nostro animo e della nostra storia.

Non bisogna intimorirsi di fronte a questo: sarebbero ben poche le persone in grado di capire a fondo l'altro attraverso una semplice conversazione. È, infatti, veramente difficile, se non impossibile, decifrare questo codice nascosto nel comportamento di chi ci sta accanto: possiamo, però, incominciare a conoscere meglio il nostro. Potremmo scoprire una parte sconosciuta di noi stessi e potremmo trovare segni rivelatori di lati del nostro carattere che non pensavamo di avere. Oppure, potremmo semplicemente imparare a trasmettere agli altri quella versione di noi stessi che, a volte, non traspare per colpa di atteggiamenti sbagliati.

Come funziona la comunicazione umana: i princìpi di base

Affrontiamo per primo questo argomento per spiegare secondo quali regole si districa il grande mistero della comunicazione dell'uomo.

Un'avvertenza per i lettori: resistete. Sarà, almeno lo speriamo, il momento più noioso di questo manuale ma le nozioni tecniche che seguiranno ci aiuteranno meglio a capire secondo quali meccanismi comunichiamo e a scendere, successivamente, nel dettaglio del linguaggio del corpo.

Immaginiamo di trovarci dietro uno specchio semiriflettente, come quelli che si usano negli interrogatori all'americana. La scena che osserviamo indisturbati è questa: in una stanza una persona sta parlando e l'altra non risponde, rimane immobile, in silenzio, col volto inespressivo.

Anche se da un'osservazione superficiale potrebbe sembrare che una delle due persone stia comunicando e l'altra riceva in modo del tutto passivo questa comunicazione univoca, la realtà è che nella stanza ci sono *due* persone che stanno comunicando.

Secondo lo psicologo austriaco Paul Watzlawick, infatti, non si può non comunicare, anche rimanendo in silenzio, immobili, impassibili. Anche la scelta di non comunicare vuol dire, infatti, comunicare.

Watzlavick sviluppò insieme con altri due ricercatori della Scuola di Palo Alto, la teoria della comunicazione umana, riconosciuta a livello internazionale e caposaldo della terapia familiare: la famiglia è, infatti, il primo ambito in cui l'essere umano si trova a comunicare.

Questa teoria della fine degli anni '60 si basa su cinque principi detti "i cinque assiomi della comunicazione umana".

Il primo di questi postulati è appunto che è impossibile non comunicare.

La comunicazione è talmente innata nell'uomo che tutti i comportamenti si traducono in una forma di comunicazione, che questi siano espliciti o impliciti, volontari o involontari.

Tornando alla scena iniziale, una delle due persone non sta parlando, non si sta muovendo, non sta producendo espressioni facciali. Eppure, rispetto al messaggio trasmesso dal suo interlocutore, sta certamente esprimendo qualcosa: distacco, disinteresse, disprezzo? Non lo possiamo sapere con esattezza: dovremmo avere altri elementi a nostra disposizione come il contenuto del messaggio ricevuto, la relazione tra le due persone, il contesto in cui questa conversazione sta avvenendo, e tanto altro. Quello che possiamo dire con certezza è che anche la seconda impassibile persona sta trasmettendo un messaggio: sta, dunque, comunicando.

Il secondo assioma della teoria di Palo Alto è che "la comunicazione ha un livello di contenuto e uno di relazione".

In base a questo principio, nella comunicazione non è solo rilevante il messaggio che si vuole trasmettere, ma interviene un altro importantissimo aspetto: la persona che comunica ha delle aspettative sulla reazione che devono avere gli altri e queste aspettative dipendono in gran parte dalla relazione tra chi trasmette il messaggio e chi lo riceve.

Questo fa sì che il messaggio stesso acquisisca contenuti e risultati diversi a seconda della relazione.

Se il contenuto rimane lo stesso, la relazione porta ad avere atteggiamenti diversi a seconda dell'interlocutore, atteggiamenti che possono riguardare il tono della voce, la gestualità, l'espressione facciale: questo farà sì che il messaggio stesso sarà ricevuto e capito in maniera differente in base al tono della voce o al linguaggio espresso dal corpo.

Il terzo assioma recita così: "la natura di una relazione dipende dalla punteggiatura delle sequenze di comunicazione. "Punteggiatura? Certo. Anche nella comunicazione non scritta si può parlare di punteggiatura. La nostra esperienza delle persone si forma, infatti, a partire da quello che sperimentiamo e osserviamo dell'altro, in una sequenza di immagini e sensazioni che forma una vera e propria punteggiatura nella comunicazione e che viene percepita in modo personale ed esclusivo, prestandosi, quindi, a interpretazioni diverse in base a chi guarda e al suo vissuto. Ciascuno di noi, quindi, elabora una propria versione di quello che osserva ed è in base a questa percezione che stabilisce il proprio modo di relazionarsi con gli altri.

Dovremmo sempre tener presente questo principio nelle nostre relazioni. Le informazioni che ci arrivano dall'altro non sono oggettive, dirette, ma vengono sempre filtrate dalle nostre caratteristiche personali, dal nostro carattere, dai nostri pregiudizi, dalla nostra storia personale.

Se così non fosse sarebbe oltremodo facile, ad esempio, risultare simpatici a tutti. Invece, non è solo importante avere degli atteggiamenti che in modo oggettivo ci possono rendere simpatici (basterebbe leggere uno dei tanti manuali su come piacere alle persone) ma è fondamentale che l'altro recepisca il nostro comportamento come amabile.

Se la maggior parte delle persone, infatti, è portata a ritenere simpatica una persona che sorride sempre, ci potrebbe essere qualcuno che per il suo vissuto ritiene una persona che sorride sempre sciocca e non simpatica.

Dei meccanismi che regolano la nostra percezione dell'altro, noi non siamo quasi per niente coscienti.

Questo appare quasi un paradosso visto che fin dal nostro primo vagito siamo del tutto immersi in un processo di definizione della nostra personalità che continuamente modifica e viene modificata dall'acquisizione delle regole di comunicazione.

Un altro aspetto messo in evidenza dalla punteggiatura delle sequenze comunicative è che è infondato il pensiero per cui il proprio comportamento è una conseguenza del comportamento dell'altro, in una relazione di causa-effetto. Le modalità di comunicazione sono molto più complesse di così. Se nel rapporto causa-effetto c'è uno scambio che può disegnarsi come lineare, nel vero sviluppo dell'atto comunicativo il processo è da immaginarsi come ciclico,

13

in un continuo scambio di sensazioni, percezioni e informazioni che in ogni momento influenzano e determinano il comportamento dell'altro.

Nel quarto assioma, Watzlawick sostiene che la comunicazione si realizza attraverso canali verbali e non verbali: nel primo caso (comunicazione verbale) si parla di modalità digitale della comunicazione, nel secondo caso (comunicazione non verbale) si parla di modalità analogica.

La comunicazione digitale si riferisce, in pratica, all'uso delle parole che per pura convenzione rimandano all'oggetto o al concetto che rappresentano. Non c'è, infatti, alcuna somiglianza o analogia tra la parola "mela" e una mela.

La comunicazione analogica, quella che più ci interessa ai fini dell'argomento di questo libro, si basa, invece, sull'analogia, cioè la somiglianza, tra lo svolgimento della comunicazione e l'oggetto della comunicazione stessa. Per fare un esempio concreto, si ha analogia quando una persona dichiara interesse riguardo una conversazione e ci guarda negli occhi mentre parliamo, rimandandoci l'interesse dichiarato. Viceversa, se non ci guardasse negli occhi, ci sarebbe un contrasto tra il contenuto della comunicazione (la manifestazione di interesse) e la sua forma (lo sguardo).

Il quinto e ultimo assioma stabilisce che la comunicazione può essere simmetrica o complementare. La comunicazione simmetrica prevede che gli interlocutori si considerino allo stesso livello, senza che si verifichi un processo di sottomissione di uno rispetto all'altro, come nel caso, ad esempio, di comunicazioni tra amici (è evidente che questa sia una semplificazione visto che in ogni tipologia di rapporto può esserci un dislivello psicologico tra gli interlocutori). Si ha, invece, uno scambio comunicativo complementare quando gli interlocutori non si considerano allo stesso livello e uno di loro si pone in una situazione di superiorità. È questo il caso di comunicazioni tra datore di lavoro e dipendente, ad esempio, o tra insegnante e alunno, o tra genitore e figlio.

È importante sottolineare che questa distinzione non ha alcun valore "morale", ossia non si attribuisce una connotazione negativa alla comunicazione complementare e una connotazione positiva a quella simmetrica. Ma capire in che relazione si pongono tar loro i vari interlocutori è fondamentale per capire al meglio i meccanismi della comunicazione.

I tre livelli della comunicazione umana

Stranamente siamo convinti che, quando parliamo con qualcuno, la nostra comunicazione si attui essenzialmente attraverso le parole che noi utilizziamo.
La realtà è ben diversa.

Quando conversiamo con qualcuno, quando litighiamo, quando chiediamo un'informazione per strada, in tutti i casi, il messaggio che comunichiamo viene convogliato solo per il 7% dalle parole utilizzate. Il 38% del messaggio passa, invece, attraverso la comunicazione detta "paraverbale" e consistente nel tono della voce, negli intercalari utilizzati (ehm, eh, uhm), dal timbro (più acuto o più grave), dalla velocità in cui ci esprimiamo, dal fatto che la nostra voce sia ferma o tremolante, dalle pause tra le parole o le frasi.

Il 45% del messaggio quindi dipende da quello che diciamo e da come lo diciamo.

Il 55% della nostra comunicazione passa, invece, attraverso quello che viene definito il linguaggio del corpo (comunicazione non verbale).

Sebbene molte persone siano portate a pensarlo, non sempre questi piani della comunicazione sono coerenti tra loro.

Può darsi che con le parole esprimiamo un concetto ma che un tremolio nella voce o un certo atteggiamento del corpo ne comunichino un altro.

Ed è alquanto sconcertante pensare che, se i tre livelli di comunicazione sono discordanti, quello a "vincere" e a far passare il significato prevalente è il linguaggio del corpo.

IL LINGUAGGIO DEL CORPO

Il nostro corpo è una voce silenziosa che si mescola alle nostre parole quando comunichiamo. Il suo linguaggio è difficile e segreto, moltissimi studi sono stati fatti e si faranno per capire cosa diciamo attraverso di esso.

In generale, si esprime in quattro ambiti fondamentali: il rapporto con lo spazio, l'atteggiamento, la gestualità e la mimica del volto.

La prossemica e il nostro rapporto con lo spazio

Cosa studi la prossemica è facilmente intuibile attraverso l'esempio dell'interlocutore invadente che ci parla a una distanza molto ravvicinata, magari toccandoci nella foga della conversazione.

Questo atteggiamento genera nella maggioranza delle persone insofferenza e imbarazzo.

Quello che questa persona poco opportuna sta invadendo, infatti, è il cosiddetto spazio vitale (o prossemico) che è la distanza attraverso la quale gli individui regolano i rapporti con i propri simili. La distanza è un fatto culturale e ha una valenza diversa a seconda dell'appartenenza sociale. Nella nostra cultura, in generale, la distanza rappresentata dallo spazio vitale è di circa 70-100 cm. Non appena qualcuno supera questa soglia invisibile in noi scatta un campanello d'allarme. La distanza tollerata si abbassa, ovviamente, in situazioni di intimità e familiarità con l'interlocutore, nonché in base alla consuetudine del proprio gruppo di appartenenza. In base al proprio vissuto una persona potrà anche trovare il proprio interlocutore troppo freddo se mantiene una distanza maggiore rispetto a quella a cui è abituato.

La prossemica svela molto dell'indole umana ed è un aspetto che ha una profonda rilevanza in molti ambiti della nostra vita.

Non è solo la spiegazione del nervosismo che si prova quando ci si trova in una calca di gente, o quando qualcuno ci urta passeggiando. Diviene anche un'ottima indicazione nella gestione degli spazi pubblici. Se si vuole ottenere, ad esempio, che in una sala d'aspetto le persone si trovino a proprio agio, sarà indispensabile che i posti a sedere siano distribuiti in modo non troppo ravvicinato.

Oppure, nel caso di un locale come un bar o un ristorante, la vicinanza dei tavoli potrà indurre gli avventori a una maggiore predisposizione a rilassarsi e a trovare il luogo piacevole. È infatti dimostrato come, in locali in cui i tavoli sono troppo ravvicinati, i clienti vadano via prima e siano meno disposti a ritornare. Mentre, se si osserva una distanza di almeno 100 cm tra un tavolo e l'altro, le persone si tratterranno di più, consumando di più e saranno più propense alla frequentazione.

Insomma, la prossemica può anche fare la differenza per decidere il successo di un ristorante!

La percezione della distanza, oltre che dal fattore culturale, è influenzata anche da altro:

Il genere: tendenzialmente le donne sono più disposte a tollerare un'invasione del proprio spazio se questa avviene in maniera frontale, mentre per gli uomini è più sopportabile un approccio laterale.

L'ambiente: anche la situazione ambientale ha il suo forte peso, siamo disposti a tollerare con più facilità l'invasione del nostro spazio prossemico in situazioni che riconosciamo come naturalmente inclini a ridurre lo spazio stesso (pensiamo a un concerto allo stadio, a un mercato affollato, a una discoteca… tutte situazioni in cui la limitazione dello spazio vitale viene accettata come una delle "regole" imposte dall'ambiente e, quindi, riduce il nostro senso di fastidio).

La storia personale: il tipo di ambiente familiare, avere avuto una madre poco affettuosa o aver subito dei maltrattamenti, ad esempio, influenzano il modo di approcciarsi.

Lo stato d'animo: nei momenti di nervosismo o di ansia si è predisposti a una minore tolleranza dell'invasione del proprio spazio prossemico.

L'inclinazione caratteriale: una persona introversa accetta molto meno di una estroversa l'invasione del suo spazio.

Questa strana reazione alla vicinanza non è poi così strana. In effetti, è ormai scientificamente provato che la violazione distanza interpersonale provoca una reazione della resistenza della pelle che, a sua volta, induce una risposta emotiva negativa. Il California Institute of Technology ha addirittura intrapreso alcune sperimentazioni per dimostrare che la sensazione di insofferenza data da questi tipi di incontri ravvicinati è data da una reazione dell'amigdala (quella particolare parte del cervello preposta all'elaborazione delle emozioni).

Nella cultura occidentale esistono quattro misure di spazi vitali:

- c'è la distanza che viene definita intima e che può variare da 0 a 45cm;

- una distanza cosiddetta personale che va da 45 a 100 cm;

- la distanza sociale che si assesta tra i 120 cm e i 200 cm

- la distanza pubblica che è intorno ai 3 metri.

La zona intima

Nei paesi anglosassoni la zona intima viene chiamata anche "*bubble*", bolla. Questa definizione è molto efficace, ci dà l'idea di come questo spazio circondi la nostra persona proprio come se fosse all'interno di una bolla, come se fosse una seconda pelle. Dentro questa bolla ci sentiamo sicuri, a nostro agio. Per questo non permettiamo alle persone di invadere questo spazio e le teniamo a circa mezzo braccio di distanza.

A qualcuno, però, è permessa questa invasione: sono le persone che hanno conquistato la nostra fiducia.

Non è una regola assoluta: se solo le persone che godono della nostra fiducia possono accorciare le distanze, non è però vero che ammettiamo nella nostra zona intima tutte le persone per cui nutriamo fiducia.

La selezione tra chi può avvicinarsi e chi no spetta solo a noi. Per questo, se qualcuno si avvicina "senza permesso", avvertiamo la cosa come spiacevole e sgradita: chi non rispetta la zona intima di un altro non rispetta nemmeno la sua persona.

L'atteggiamento di fastidio che nasce dall'invasione della zona intima ha qualcosa di primordiale, che ci riporta a quando eravamo uomini primitivi impegnati nella sopravvivenza e nella caccia.

Quanto più proviamo disturbo nella troppa vicinanza di una persona, infatti, tanto più si attivano in noi gli ormoni della lotta, cosicché si attiva in noi un meccanismo di difesa. L'istinto primitivo di fronte all'invasione della nostra sfera intima ci porterebbe alla lotta o alla fuga. Non potendo optare per una di queste due opzioni (sarebbe alquanto strano reagire all'invadenza di un collega dandogli un pugno o scappando a gambe levate) la conseguenza è l'accumulo di stress.

L'invasione della zona intima, quindi, non causa solo un danno psicologico ma anche un vero e proprio danno fisiologico.

Apprendere questi meccanismi e rendersi conto del disagio provocato è un grande vantaggio: riuscire a elaborare il fastidio e magari verbalizzarlo, aiuta nella riduzione dei livelli di stress.

La grandezza della percezione della propria zona intima può variare, come abbiamo già visto, in base alla propria appartenenza culturale: se in alcune zone può essere ridotta a mezzo braccio dall'interlocutore, in altre si può estendere fino a un braccio.

Ma all'interno di uno stesso ambito culturale, ci possono poi essere altre differenze. La distanza che mettiamo tra noi e l'altro può dipendere da altri fattori, come ad esempio, lo status o lo stato d'animo. Una persona sicura di se stessa consente più facilmente che gli altri si avvicinino. Inoltre, se una persona è in un momento di difficoltà o di chiusura, inconsciamente tende a proteggersi e sentirà come minaccioso l'eccessivo avvicinarsi dell'altro.

Un ulteriore elemento che influisce sulla zona intima è il tempo: se un individuo si tiene a distanza percepirò di avere maggiore tempo per organizzare una difesa e mi sentirò, di conseguenza, più sicuro.

Come abbiamo visto penetrando nella zona intima di un individuo si minaccia il suo senso di sicurezza e si attivano dei meccanismi di difesa.

Questo errore è spesso commesso in ambito familiare.

L'intimità tra le persone le fa sentire spesso autorizzate a invadere la *bubble* dell'altro. In particolare i genitori si sentono autorizzati a entrare senza permesso nella sfera intima dei figli con la semplice autorizzazione del fatto che "è mio figlio". Questo avviene in ogni momento della vita dei figli, anche quando questi diventano adulti.

Anche le persone che frequentano abitualmente la famiglia, siano essi amici o parenti, si sentono autorizzati ad attuare questa invasione con gesti che nelle loro intenzioni sono affettuosi: pacche sulle spalle, buffetti, baci, abbracci e via dicendo.

Bisogna sottolineare che non tutti i bambini o ragazzi percepiscono questi avvicinamenti come fastidiosi. Molto spesso sono interpretati per quello che sono: manifestazioni d'affetto. Ma imparare a riconoscere i segnali con cui rivelano un eventuale disagio può aiutare a capire se certi gesti siano graditi o meno e impedirci di provocare immotivato stress in bambini e ragazzi.

Anche in altre circostanze questa capacità di interpretare i segnali dell'altro può venire in aiuto. Pensiamo alle situazioni professionali, in cui è necessario entrare nella zona intima dell'altro come per i medici, infermieri, massaggiatori, fisioterapisti, sarti, ecc. In questo caso percepire il disagio dell'altro aiuta a non urtarne la suscettibilità. Inoltre, conoscere queste dinamiche può addirittura aiutare a prevenire o attutire la sensazione di fastidio: magari chiedendo il permesso di avvicinarsi.

La questione dell'importanza del mantenimento della distanza intima è particolarmente evidente nel caso degli addetti alla vendita che stanno dietro un bancone: questo è un ottimo metodo per far sentire a proprio agio e non minacciato il cliente.

Abbiamo accennato come la zona intima dipenda anche dallo status della persona. Infatti, quanto più elevato è lo status di una persona, tanto maggiore è la zona intima che gli altri le riconoscono.

È questo il caso, ad esempio, dei datori di lavoro o dei superiori in generale: normalmente, la distanza che i subalterni mantengono con queste persone è superiore a quella che manterrebbero con un conoscente che ritengono alla pari.

Un fattore emblematico della distanza tra persone di rango diverso è data dall'uso dell'arredamento da ufficio. Avete mai notato che, quanto è più elevato il grado di una persona tanto più è grande la sua scrivania? E una scrivania grande presuppone una maggiore distanza tra chi vi siede dietro e il suo interlocutore.

Anche lo spazio occupato sopra la scrivania ha una sua importanza: c'è una sostanziale differenza tra una scrivania colma di cose dove l'interlocutore non può appoggiarsi o non può appoggiare nulla di proprio, e un piano che lascia libero lo spazio tra i due interlocutori.

Un aspetto molto interessante è che "se due persone sono sedute allo stesso tavolo, in un primo momento ciascuna ne considererà la metà come parte della sua zona intima".

Questo significa che noi ci troviamo a nostro agio quando nessuno viola la nostra zona intima ma anche quando viene rispettato quello che abbiamo identificato come "il nostro posto".

Prendiamo l'esempio di un seminario a cui stiamo partecipando. Se durante la pausa ci alziamo e successivamente, al rientro in aula, vediamo che qualcuno ha occupato il posto in cui eravamo seduti poco prima, questo ci provoca una forte sensazione di disagio: è un fastidio che ha anche vedere con l'invasione della nostra *bubble*.

I segnali che un individuo manda all'altro per manifestargli che è entrato nella sua zona intima saranno ambivalenti, a seconda dell'istinto prevalente: la fuga o la lotta. Quindi, avremo atteggiamenti tipici della fuga come appoggiarsi all'indietro sulla sedia, indietreggiare, ritrarre il braccio che viene toccato e via dicendo. Oppure quelli propri del combattimento: l'avanzare per contrastare l'altro o per manifestare la propria superiorità.

Tuttavia, più spesso, le reazioni dell'altro non saranno così eclatanti. Potrebbero essere riservate a minime espressioni facciali come serrare le labbra o distogliere lo sguardo.

Osservando le reazioni delle persone con cui parliamo potremmo, con un po' di esercizio, capire se il nostro atteggiamento induce a porre in atto segnali di distanza.

Un simpatico esercizio per mettere in pratica quanto detto, quando si è seduti allo stesso tavolo, può essere quello di cominciare a spostare degli oggetti nella metà del tavolo percepita come propria dall'interlocutore, per poi ritrarvi e osservare le sue reazioni: successivamente spostare qualcos'altro e ritirarsi nuovamente e così via.

Oppure, in fila al supermercato (o in altre situazioni) avvicinarsi impercettibilmente all'altro, per poi fare marcia indietro. Occorre molto esercizio per cominciare a interpretare correttamente la reazione dell'altro. Bisogna fare più volte questi esperimenti.

Una volta imparato a interpretarli, l'attenta osservazione dei segnali può tornare molto utile nella vita lavorativa o meno.

Chi ha, infatti, un atteggiamento di fuga rispetto all'invasione nella propria zona intima, tende ad avere lo stesso atteggiamento anche in altre situazioni: questo potrebbe voler dire essere più cauti con queste persone nel caso di accordi, promesse e via dicendo.

La zona personale

Se la zona intima ha un'estensione massima di 45 cm (misura che, come abbiamo visto, però può aumentare a seconda di vari fattori), la zona personale si estende da dove finisce quella intima fino a una distanza di ca. 70 cm dal corpo.

Nella nostra zona personale "ammettiamo, volutamente, tutte quelle persone con cui non siamo così in intimità da permettere loro l'accesso alla zona intima, ma che non sono così estranee da dover arrestarsi nella zona immediatamente successiva".

In pratica ammettiamo nella nostra zona personale tutte quelle persone con cui ci troviamo a nostro agio, come familiari, amici, colleghi.

La zona personale delimita anche lo spazio in cui facciamo entrare superiori, insegnanti, istruttori nel caso in cui abbiano un rapporto molto buono con noi.

Il fatto molto curioso e interessante che riguarda la zona personale è che se siamo costretti ad avvicinarci troppo a un'altra persona, questa sarà da noi trattata come un oggetto. È questo una specie di patto non scritto che ci è stato impresso tramite l'educazione e che, quindi, ha variazioni a seconda delle diverse culture.

I giapponesi, ad esempio, provano meno disagio nel caso di contatti stretti a causa di una situazione affollata. In Europa occidentale o in Nord America, invece, nel caso di contatto diretto indesiderato si mettono in atto una serie di atteggiamenti automatici: si evita il contatto oculare, ci si irrigidisce, si evita la conversazione.

Riconoscerete in questa descrizione il classico esempio degli sconosciuti che si incontrano in ascensore: nessuno guarderà l'altro ma si cercherà di fissare ogni punto plausibilmente attraente (dalla punta delle proprie scarpe alle spie di allarme), si eviterà di parlare se non per un breve saluto distratto, si rimarrà fermi e rigidi nella propria posizione.

I bambini, che ancora non hanno assimilato questo imprinting, avranno tutt'altro atteggiamento, azzardando conversazioni intime con gli sconosciuti e interagendo in modo del tutto normale con loro.

La definizione della zona personale si osserva in particolar modo nelle librerie, dove ognuno si cerca un posto lontano dagli altri a seconda della percezione della propria zona personale.

La zona sociale

La zona sociale confina con la zona personale, con una misura che può andare dai 100 ai 120 cm di distanza dal corpo.

Nella nostra zona sociale ammettiamo le conoscenze di tipo superficiale, oltre che la maggior parte dei colleghi e i nostri superiori. Infatti, un superiore di grado dovrebbe essere attento a non varcare questa soglia servendosi dell'autorità che esercita sull'altro.

Quella della zona sociale è, in generale, la soglia che non dovrebbe essere invasa da coloro che offrono servizi ai clienti e dai consulenti di vendita. A volte l'ostilità del cliente non è da ricercarsi in un'avversione verso il prodotto o nel modo di presentarlo, ma nell'innalzamento dei suoi meccanismi di difesa per un'invasione da parte del venditore della propria zona sociale, personale o, addirittura, intima.

La zona pubblica

Per zona pubblica si intende quella zona che va oltre la zona sociale, ed è la distanza che separa, ad esempio, un insegnante dalla sua classe, un oratore dal suo pubblico, un cantante dai partecipanti al concerto, e così via.

Se è chiaro da dove parta la zona pubblica, non è così facile capire fino dove si estenda. Un'ipotesi è quella per cui la zona pubblica si propaghi fino a dove è possibile trasmettere o ricevere le trasmissioni di immagini umane.

Il più stretto riferimento è, ovviamente, alla tv. Pensiamo agli attori, o alla gente di spettacolo in generale. C'è una tendenza da parte della gente a trattare queste persone, nel momento in cui vengono con loro a contatto, con un'estrema intimità: questo perché attraverso la televisione queste persone "invadono" ogni giorno la zona intima della gente, entrando addirittura nelle loro case.

Un aspetto molto interessante della prossemica riguarda la stretta relazione tra le zone di spazio dell'altro in senso fisico e in senso figurato.

Chi tende, infatti, a invadere fisicamente lo spazio dell'altro, avrà quasi sicuramente anche la tendenza a stargli addosso anche in senso figurato, esercitando una qualche pressione psicologica.

L'atteggiamento del corpo: dimmi come stai in piedi e ti dirò chi sei

"Il problema della sicurezza emotiva di un individuo non può essere separato dal problema della sua sicurezza fisica, del suo aderire con i piedi al suolo": così scrive uno studioso e psicoanalista americano, Lowen.

Anche nei nostri modi di dire questo enunciato ritorna: siamo, infatti, soliti dire di una persona che non ha "i piedi per terra" quando ha un'indole troppo emotiva e sognatrice.

Esiste una forte correlazione tra il nostro mondo emotivo e il nostro atteggiamento fisico.

La posizione eretta

Il modo in cui un individuo sta in piedi è un segnale che trasmette un messaggio.

La prima cosa a cui prestare attenzione è se la persona che vogliamo analizzare sta dritta (ma non impalata) oppure sposta il proprio peso in avanti o indietro rispetto al bacino.

Sostanzialmente, la tradizione popolare affonda le sue radici in un'antica saggezza quando afferma che "se una persona ha una postura diritta allora sarà retto anche il suo agire". Una persona che ha questo atteggiamento corporeo, infatti, non manifesterà né l'insicurezza di chi si inclina in avanti, né la supponenza di chi si inclina all'indietro.

Bisogna però non prendere questi dati come assoluti. Ci possono essere altre ragioni per cui qualcuno assume una postura piuttosto che un'altra. Una persona di statura alta potrebbe tendere a stare inclinata in avanti per non doversi sentire superiore agli altri; mentre, chi è di bassa statura potrebbe tendere a inclinarsi all'indietro per non essere sempre costretto ad alzare il capo verso l'alto.

Quindi, è fuorviante osservare solo un aspetto dell'atteggiamento corporeo per trarre delle conclusioni su chi ci troviamo davanti: bisogna analizzare una serie di elementi per avere un quadro completo e vedere se questi altri segnali confermano la prima percezione.

Un altro atteggiamento a cui far attenzione, ad esempio, è quello di apertura o di chiusura.

Anche questo rispecchia una forma atavica di difesa, in cui l'uomo si curva su se stesso, alzando le spalle e incassando tra esse la testa, per proteggere la propria carotide in caso di pericolo. Può anche chiudere le braccia o abbracciare un oggetto. Questa è una postura che cela un senso di insicurezza, il desiderio inconscio di proteggersi da una minaccia.

Al contrario, chi manifesta un atteggiamento corporeo aperto, magari con le braccia dietro la schiena, rivela apertura e, in alcuni casi, addirittura supponenza.

In particolar modo, l'atteggiamento di supponenza è rafforzato da uno sguardo che si dirige dall'alto verso il basso, mentre l'atteggiamento di chiusura o di umiltà è confermato da uno sguardo che va dal basso verso l'alto o, addirittura, dall'assenza di contatto oculare.

Un altro aspetto dell'atteggiamento in posizione eretta riguarda la ricerca eventuale di un sostegno. Conosciamo tutti persone che devono sempre appoggiarsi da qualche parte, mentre ci sono individui che non si appoggiano nemmeno quando potrebbero o ne avrebbero l'effettiva necessità.

I primi manifestano in questo modo anche la necessità di un appoggio di tipo morale, mentre i secondi dimostrano di essere persone salde e sicure di se stesse.

Anche l'eventuale atteggiamento di tranquillità o agitazione di chi sta in posizione eretta può dirci qualcosa di un altro individuo, osservando se si dondola sui piedi o da una gamba all'altra oppure se rimane fermo appoggiandosi saldo sui piedi.

Il modo di camminare

Anche da come cammina una persona si possono capire alcune cose sul suo carattere o sul suo stato d'animo. Sono sostanzialmente valide tute le cose già dette sull'atteggiamento da eretti, solo che in questo caso il corpo è in movimento: bisognerà allora osservare se tale movimento è sciolto e disinvolto o, viceversa, se le movenze appaiono rigide e legate.

43

Camminare portando avanti prima la punta dei piedi manifesta un carattere deciso ed energico, mentre chi cammina portando avanti per primo il ginocchio sarebbe un individuo più insicuro e prudente.

Un ruolo importante nel modo di camminare è assunto anche dallo sguardo: a quanto pare, infatti, se una persona cammina guardando dritta davanti a sé manifesta un carattere estroverso, rivolto all'esterno e pronto ad accogliere quello che incontra. Al contrario, testa bassa e sguardo rivolto al suolo identificheranno una persona introversa che non presta attenzione al percorso che ha davanti e nemmeno alle persone che incontra.

Stare seduti

Ci sono tre atteggiamenti principali, a seconda della posizione che assumono le spalle: possono essere protratte in avanti, appoggiate alla seduta o perpendicolari al bacino. La posizione con le spalle più in avanti del bacino, a volte con le braccia appoggiate alle gambe, indica insicurezza e disagio, tradisce il desiderio di andarsene. Trovarsi di fronte a un interlocutore che assume questa posizione dovrebbe metterci in allarme e indurci a capirne le motivazioni. Forse c'è qualcosa nel nostro atteggiamento o in quello che stiamo dicendo che ha scatenato l'ormone dello stress, attivando il naturale istinto di difesa e di fuga. Questo aspetto è interessantissimo nella teoria della comunicazione. Se, in una situazione ideale, il contenuto di una conversazione (ossia il messaggio) giunge indisturbato al nostro interlocutore, nel caso in cui l'ascoltatore si dovesse sentire sotto stress, il "segnale" viene percepito in modo disturbato. Si inserisce tra chi parla e chi ascolta una cosiddetta "nebbia psicologica": in questa circostanza l'ascoltatore non sta ascoltando il messaggio nella maniera giusta, ma lo stress a cui si sente sottoposto sta alterando le sue percezioni e non riesce più a comprendere bene o nel modo completo le informazioni che gli vengono rivolte.

Come abbiamo detto, certi segnali hanno bisogno di altri segnali perché siano indicativi di un preciso atteggiamento interiore. Inoltre, ci possono essere varie motivazioni, anche di tipo fisico, a costringere una persona a questo atteggiamento: l'indolenzimento della schiena, l'impellenza di un bisogno corporeo che non si vuole manifestare, ecc.

Tuttavia, si può affermare con una certa precisione che se una persona seduta passa improvvisamente da una posizione all'altra è perché qualcosa è cambiato dentro di lei: il movimento esteriore improvviso, insomma, è una manifestazione di un altrettanto improvviso cambiamento psicologico.

Prendiamo ad esempio la posizione di fuga: coincide esattamente con la posizione che assume una persona per manifestare un acceso interesse, propendendosi verso chi parla per ascoltare al meglio. Come poter distinguere le due situazioni? Il segreto è sempre nello sguardo. Nella posizione di fuga la testa è reclinata e lo sguardo è diretto dal basso verso l'alto. L'interesse, invece, si manifesta con una posizione eretta della testa e con uno sguardo dritto verso l'interlocutore.

Chi resta seduto con le spalle perpendicolari al bacino, ha in genere un atteggiamento di ascolto attivo e di apertura verso gli altri. Un tempo si pretendeva dagli scolari che mantenessero questa posizione sui banchi di scuola. Questo perché non solo l'atteggiamento interiore influenza quello esteriore ma è valido anche il contrario: l'atteggiamento esteriore induce un cambiamento nell'atteggiamento interiore. Così, il mantenimento della posizione eretta, oltre ad essere indice di attenzione, produce anche una maggiore apertura verso quello che si sta ascoltando.

Quindi, quando una persona a cui stiamo parlando rimane dritta sul bacino, si può ragionevolmente presumere che stia ascoltando e che stia recependo correttamente ciò che stiamo dicendo.

L'atteggiamento di chi porta indietro il corpo, appoggiando la schiena, è in generale quello di chi si vuol mettere comodo. Tuttavia, potrebbe anche significare, come nel caso della posizione eretta, la spocchia di chi lo assume.

Come distinguere le due situazioni? Come al solito, cercando conferme in altri segnali del corpo o in un'interpretazione dinamica della circostanza.

Ad esempio, una persona può trovarsi comoda in una posizione in cui il corpo è appoggiato all'indietro, ma rialzarsi in posizione eretta o addirittura sporgente verso l'interlocutore, nel momento in cui qualcosa che quest'ultimo ha detto ha attirato la sua attenzione.

Bisogna, insomma, essere molto attenti a rilevare quelli che sono i movimenti improvvisi del corpo, nostro e degli altri, perché, essendo i più spontanei, sono anche i più rivelatori.

Un altro importante indizio, secondo alcuni studiosi, risiederebbe nella direzione in cui è rivolto il busto di una persona. Se questo è rivolto nella stessa direzione dello sguardo, indica attenzione verso l'interlocutore e accettazione. Nel caso in cui il busto sia rivolto in una direzione diversa dallo sguardo, allora è sintomo di un non accoglimento interiore della persona che parla o nei confronti di quello che essa sta dicendo.

La posizione distesa

Ebbene sì. Anche quando dormiamo comunichiamo, e chissà quante cose potrebbero scoprire gli altri sul nostro conto semplicemente guardandoci schiacciare un pisolino. Uno psichiatra statunitense, il dottor Samuel Dunkell, ha particolarmente approfondito questo momento in cui il nostro corpo continua a mandare segnali, ma non sono molti gli studi scientifici sul linguaggio del corpo nel sonno.

Secondo il dottor Dunkell, comunque, l'atteggiamento che il nostro corpo assume nel sonno, ossia quell'atteggiamento che fa sentire più sicuro l'individuo in un momento di massima vulnerabilità, è molto indicativo dell'atteggiamento che lo stesso individuo ha di fronte alla vita.

Ad esempio, coloro che dormono in posizione fetale, raggomitolati su loro stessi, manifesterebbero un forte bisogno di protezione e il desiderio di qualcosa di solido, permanente su cui costruire la propria vita.

Chi dorme prono, disteso sulla pancia, è un individuo che non ama le sorprese e che deve poter dominare gli eventi che accadono intorno a lui.

Chi dorme supino, invece, ha tutt'altro atteggiamento nei confronti della vita: è una persona sicura di se stessa, con una personalità forte, che va senza problemi incontro a quello che la realtà gli mette davanti.

La maggior parte delle persone, tuttavia, non dorme in nessuna di queste posizioni. La stragrande maggioranza degli individui (il 75% secondo uno studio effettuato dall'Università di Harvard) assumerebbe nel sonno una posizione detta semi-fetale, ossia sdraiata sul fianco e con le ginocchia solo leggermente flesse. Questa è, innanzitutto, una posizione funzionale, che permette di rigirarsi sull'altro fianco senza troppa fatica, conservando un istinto di protezione che però non è completamente chiuso verso l'esterno.

Si capisce bene come le persone che assumono questa posizione sono persone abbastanza razionali, che si adattano bene alla realtà.

Lo studio della cinesica e la gestualità

Un terzo criterio, dopo l'atteggiamento corporeo e la distanza, da tenere in considerazione quando si parla di linguaggio del corpo, è la sequenza di gesti che accompagna il nostro ascoltare e il nostro parlare.

La cinesica (il termine deriva dal greco e significa "movimento") è lo studio di quella parte della comunicazione paraverbale che si concretizza nei vari movimenti del corpo: posizioni, gesti, mimica facciale, mimica corporea, tic e similari.

Si potrebbe pensare che questi movimenti accompagnino la comunicazione verbale, sottolineando passaggi, rivelando emozioni, arricchendo la conversazione.

In parte è così ma la verità è che questo complesso di gesti è funzionale alla comunicazione verbale stessa: comunicazione verbale e paraverbale sono strettamente correlate e l'una va in aiuto dell'altra.

Alcuni studi hanno dimostrato questa affermazione attraverso esperimenti che consistevano nell'immobilizzazione degli individui mentre parlavano. Il fatto di non poter attingere al lato della comunicazione non verbale, faceva sì che anche quella verbale mostrasse delle carenze. Le persone immobilizzate facevano più fatica a trovare i termini corretti per esprimersi, portando in breve tempo all'uso un linguaggio elementare e con ricorrenti errori di pronuncia, come se i soggetti fossero in uno stato confusionale.

L'importanza della mimica corporea e della gestualità mentre si sta parlando ha una spiegazione ben precisa.

Quando cerchiamo di comunicare attraverso le parole, la mente richiama tutte le informazioni che a quelle parole sono collegate: questo fa sì che non sia solo l'area del nostro cervello preposta all'attività linguistica a essere interessata, ma anche le aree riservate alle attività motoria e premotoria, dove viene immagazzinata la successione di azioni collegata a determinati nomi e parole.

Abbiamo varie tipologie di gesti.

Innanzitutto, i gesti emblematici (o emblemi). Sono quei gesti che, all'interno di uno stesso contesto culturale, sono immediatamente comprensibili. Pensiamo, ad esempio, al pollice alzato o al pollice e indice uniti a cerchio che indicano, per noi italiani, che qualcosa va bene, è giusto, è a posto, alle dita a "v" in segno di vittoria, ai segnali di un vigile che dirige il traffico.

Ci sono poi i gesti illustratori: sono quelli che servono a dare una concretezza spaziale (una vera e propria illustrazione) al concetto che si sta esprimendo a voce.

Un'altra categoria di gesti è quella dei gesti rivelatori di emozioni. Sono questi tutti i movimenti facciali o corporei che sono associati alle emozioni primarie. È un argomento di cui parleremo più avanti, ma possiamo anticipare che attraverso la mimica facciale è possibile, in teoria (la pratica è terreno molto insidioso), capire le emozioni di chi ci sta parlando. Molto più concreta della possibilità di capire le emozioni dell'altro solo con un'attenta osservazione, è quella di imparare a controllare le nostre espressioni facciali per evitare che certe emozioni traspariscano in modo troppo evidente.

I gesti cosiddetti regolatori ci aiutano nella gestione delle conversazioni, sia con uno che con più interlocutori. Sono quelle azioni tipiche con cui si prende o si cede il turno di parlare e sono spesso attuati in maniera automatica e inconscia.

L'ultima categoria è quella dei gesti adattatori e, a differenza dei gesti emblematici che appartengono a un gruppo culturale, sono movimenti del tutto soggettivi e individuali, espressi per abitudine. La loro particolarità, inoltre, è quella di non avere un fine comunicativo.

Il linguaggio delle mani

Le mani sono senz'altro le protagoniste quando si parla di gestualità.

Il linguaggio delle mani, infatti, riesce a veicolare una grande moltitudine di informazioni che trascendono il contenuto del messaggio trasmesso verbalmente.

Inoltre, la gestualità è più facilmente osservabile e analizzabile rispetto, ad esempio, alle espressioni del viso.

Le mani, ancora, riescono molto più difficilmente a mentire su quello che proviamo.

Un assunto importante vuole che quanto più siamo coinvolti sentimentalmente in uno scambio comunicativo, tanto più sarà accentuata la gestualità.

I movimenti delle mani possono essere classificati in due modi: grandi gesti o piccoli gesti.

I grandi gesti sono quelli che attribuiscono enfasi a quello che si sta dicendo, che sottolineano con forza e imponenza le argomentazioni. Sono gesti che si confatto a chi esercita un'autorità, a chi ha la necessità che i suoi gesti vengano capiti. Ma c'è anche il risvolto della medaglia. Infatti, questi gesti ampi attirano molto l'attenzione. Sono quindi usati anche da chi si vuole pavoneggiare o da persone presuntuose e altezzose, nonché da chi è portato all'esagerazione. C'è una distinzione da fare tra grandi gesti che vengono eseguiti lentamente (e che confermano quanto detto sopra) e grandi gesti che vengono eseguiti velocemente. Gesti ampi e rapidi sono usati soprattutto dalle persone impulsive, da quelle iraconde, o semplicemente da chi si trova in uno stato di entusiasmo o di allegria.

I piccoli gesti, invece, appartengono alle persone che non vogliono essere notate, che non hanno grandi pretese, alle persone semplici o a quelle che amano essere riservate rispetto ai propri sentimenti e che quindi tendono a non tradire con la gestualità quello che provano intimamente. Anche qui, però, abbiamo un contro. Questi gesti possono, infatti, appartenere a chi è particolarmente scaltro o ambiguo, e ama apparire come una persona modesta e semplice.

Spesso, nei gesti che osserviamo possiamo notare delle incongruenze. Resta sempre valido il consiglio di verificare quello che osserviamo inserendolo in un quadro generale, e cercando altri segnali che avvalorino e rafforzino le nostre prime ipotesi.

LA MIMICA FACCIALE E LE EMOZIONI

Se parliamo di leggere in faccia a qualcuno l'emozione che sta provando in un determinato momento, non può che venirci alla mente un nome: quello di Paul Ekman, l'uomo e lo scienziato che più di ogni altro ha dedicato i suoi studi e la sua ricerca all'interpretazione delle espressioni del volto umano.

Paul Ekman ha dedicato tutta la vita a classificare e riconoscere le più piccole espressioni facciali per interpretarle e ricondurle a un modello costante, invariabile nel tempo e non influenzabile da variazioni sociali e culturali.

Il suo lavoro è stato, infatti, costantemente indirizzato a dimostrare che certe espressioni hanno un valore universale e per questo ha passato moltissimo tempo in luoghi sperduti nel mondo a osservare e studiare popolazioni indigene che non potessero avere avuto una contaminazione da parte di altre culture e che non fossero state esposte all'influenza di cinema o televisione.

Se non conoscete Paul Ekman, forse avete avuto modo di apprezzare il personaggio a lui ispirato e interpretato da Tim Roth in una serie televisiva di grande successo, "Lie to me".

Non si discosta molto dalla verità, la narrazione dello studioso come consulente di FBI, CIA, avvocati, giudici o polizia, attività che Ekman ha effettivamente svolto nella sua carriera, supportando squadre di antiterrorismo o facendo da consulente agli animatori della Pixar, nota casa di produzione di cartoni animati.

Quello che cercheremo di riassumere nei prossimi capitoli è frutto del suo instancabile e ineccepibile lavoro.

Le emozioni che proviamo

"Il viso fornisce più di un tipo di segnale per trasmettere più di un tipo di messaggio".

Questo vuol dire che quando cerchiamo di interpretare un'emozione, guardiamo il segnale sbagliato.

Se vogliamo capire veramente cosa prova una persona è indispensabile osservare i mutamenti repentini delle espressioni del volto: sono, infatti, questi veloci cambiamenti a informarci sulle genuine e reali emozioni.

Il viso ha tre tipi di segnali: statici, a "variazione lenta" e rapidi.

I segnali statici sono, ad esempio, il colore della pelle, la forma del viso, i lineamenti. Quelli a variazione lenta sono i cambiamenti che avvengono lentamente nel tempo, come le rughe o la perdita di tono muscolare. I segnali rapidi si presentano come movimenti del viso che durano poche frazioni di secondo.

Tutti e tre i segnali possono essere nascosti o alterati (gli occhi possono essere nascosti dagli occhiali da sole, la bocca dalla barba, le rughe possono essere ritoccate grazie alla chirurgia estetica, i movimenti rapidi possono essere volutamente nascosti o frenati).

I segnali che ci rivelano le emozioni di una persona sono quelli rapidi. Tuttavia, questi segnali vanno interpretati alla luce degli altri due, perché un cambiamento veloce dell'atteggiamento del viso può comunque essere influenzato da quelli che sono i cambiamenti lenti o statici. Prima di addentrarci nell'esame delle varie emozioni e dei segnali che le rivelano è necessario fare una distinzione tra quelli che sono i segni rivelatori e quelli che sono detti emblemi emotivi. L'emblema emotivo sta a rappresentare un'emozione, ne trasmette il messaggio. Ma non è detto che la persona provi in quel momento quella data emozione che sta rappresentando. Pensiamo, ad esempio, a quando arricciamo il naso in segno di disgusto: è un'azione volontaria che facciamo per sottolineare che una cosa di cui stiamo parlando provoca disgusto, ma non stiamo effettivamente provando in quel momento disgusto come se avessimo effettivamente quella cosa sotto gli occhi.

Diversi sono i segnali rapidi che dimostrano come, in quel preciso momento, si stia provando una data emozione.

Un'altra distinzione da fare è tra segnali rapidi e i cosiddetti segni di interpunzione che vengono trasmessi attraverso una mimica volta a sottolineare certe parti del discorso, ponendo al suo interno punti fermi, virgole, puntini di sospensione, ecc.

L'ultima differenza su cui porre l'accento è quella tra i segnali rapidi e altri movimenti facciali che non indicano un'emozione, come smorfie, movimenti della lingua, pantomime.

La difficoltà nel comprendere le espressioni del viso dipende anche dal fatto che non sempre osserviamo con attenzione il volto delle persone. Siccome le emozioni, come abbiamo detto, traspaiono nella loro autenticità dai movimenti rapidi, è necessario soffermarsi sul viso di una persona perché possiamo notare questi repentini cambiamenti, che spesso, invece, sfuggono al nostro sguardo quando stiamo parlando con qualcuno. Del resto risulteremmo abbastanza inquietanti se, invece di avere un atteggiamento normale, fissassimo ostinatamente in faccia colui che ci sta parlando!

Infatti, la buona educazione impone di non fissare le persone con cui si sta colloquiando. Questo ha radici profonde in quanto abbiamo già detto nei primi capitoli, quando definivamo le varie zone prossemiche. Fissare una persona, infatti, comporta, in un certo senso, di entrare nella zona intima di quella stessa. Ci sentiamo legittimati a farlo, solo nel caso in cui l'altro si esponga in una situazione pubblica, se il ruolo sociale lo prevede e quando ricerchiamo l'intimità con un'altra persona.

Ci sono particolari situazioni, infatti, in cui fissare l'interlocutore per molto tempo risulta spontaneo e accettabile. Nel caso di un seminario, un convegno, la spiegazione di un professore a scuola: in queste circostanze è del tutto normale soffermare lo sguardo sull'oratore.

Altro caso specifico è quello degli interrogatori di polizia o quello degli innamorati che si contemplano per lunghi minuti.

Tuttavia ci sono dei momenti in una conversazione in cui fissiamo chi ci parla. Innanzitutto, questo avviene quando vogliamo prendere la parola. In effetti, se qualcuno sta parlando è uno stratagemma utile non guardare in faccia l'altro se si sta facendo una pausa, per non lasciargli il permesso di intervenire. Oppure, guardiamo l'altro per vedere se è d'accordo con quanto stiamo dicendo, per capire se si sta arrabbiando, se è interessato o lo stiamo annoiando.

Le emozioni si manifestano sul viso per pochi secondi o per poche frazioni di secondo: se permangono allora rappresentano un sentimento più intenso, a volte accompagnato da espressioni vocali, ma possono trarre in inganno. Infatti, le espressioni prolungate non sempre sono raffigurazioni autentiche di un'emozione ma espressioni simulate in cui la persona "recita" quell'emozione. Pensiamo, ad esempio, alle risate fragorose di chi vuole compiacere l'interlocutore che sta raccontando una barzelletta non poi così divertente!

LEGGERE LE EMOZIONI DEL VOLTO

La sorpresa

Tra tutte le emozioni, quella più difficile da individuare sul viso di una persona è sicuramente la sorpresa.

Infatti, questa emozione dura solo qualche frazione di secondo. Se si protrae per più tempo è di sicuro un'emozione simulata: non che non corrisponda al vero, potrebbe essere una volontaria sottolineatura di una sorpresa realmente provata, ma potrebbe anche essere una finzione. Per definirne la genuinità è necessario osservare i primi istanti in cui avviene il mutamento dei lineamenti del viso.

La sorpresa è suscitata da un evento inatteso o dis-aspettato: la differenza tra queste due circostanze è che nella prima ci si trova davanti a un evento che non aspettavamo proprio (una persona ci fa un regalo in un giorno che non è il nostro compleanno), nella seconda invece viene disattesa una nostra aspettativa, cioè ci aspettavamo semplicemente che accadesse qualcosa di diverso.

Qualsiasi cosa può provocarci sorpresa, l'apparire di una persona, un suono, un odore, un sapore.

Il primo istante della sorpresa viene spesso contaminato da un'altra emozione: paura, rabbia, gioia, disgusto. Per questo l'espressione di chi prova sorpresa è spesso mista. Chi è molto abituato a osservare le emozioni sul volto delle persone può riuscire a osservarla nel suo stato "puro" ma più spesso sono le volte in cui questa appare mescolata ad altri sentimenti.

La mimica della sorpresa

L'aspetto tipico delle sopracciglia quando proviamo sorpresa è quello rialzato e incurvato, che provoca delle rughe orizzontali sulla fronte. Di solito l'espressione è accompagnata da occhi sgranati e mascella abbassata.

Gli occhi sono spalancati con la palpebra inferiore rilassata e quella superiore sollevata. Un indizio molto specifico della sorpresa è che l'occhio spalancato va a scoprire la parte superiore bianca sopra l'iride.

La mascella, nell'espressione di sorpresa, appare rilassata, cadente, causando separazione di labbra e arcate dentali: questa apertura non deve apparire costretta, ma del tutto distesa, come se non costasse alcuno sforzo.

A seconda dell'intensità della sorpresa, l'apertura della bocca sarà più o meno accentuata, fino a spalancarsi per uno stupore molto forte: la parte inferiore del viso ci dice, insomma, quanto è stata potente la sorpresa.

Si possono classificare quattro tipi di sorpresa:

La sorpresa interrogativa, quando con il volto comunichiamo "ma è proprio così?": è un tipo di sorpresa incerta. Qui a rappresentarla è soprattutto la parte superiore del viso, con la caratteristica degli occhi spalancati e delle sopracciglia inarcate, mentre la bocca rimane chiusa.

La sorpresa sbalordita a cui potrebbero corrispondere domande tipo "come?" o "cosa?". Qui a essere messi in movimento sono solo gli occhi, che si spalancano, e la bocca, che si apre. Restano sostanzialmente ferme le sopracciglia.

La sorpresa inebetita, magari di una persona mezza addormentata che vede coinvolte bocca e sopracciglia.

La sorpresa *tout-court*, che è quella dalla mimica completa e che vede attivarsi insieme occhi, sopracciglia e bocca.

La paura

Abbiamo visto come molti dei comportamenti e degli atteggiamenti che assumiamo e che comunichiamo attraverso il linguaggio del corpo, abbiano la propria radice in comportamenti primordiali, risalenti a migliaia di anni fa, soprattutto quando il nostro cervello è chiamato a mettere in atto dei meccanismi di difesa.

La sopravvivenza umana dipendeva, ma dipende ancora, dall'apprendere come sfuggire ad attacchi di tipo fisico o psicologico. L'uomo ha imparato così a prevedere i pericoli per evitarli, a volte solo immaginando rischi che nella realtà non si sono ancora manifestati.

La paura ci assale molto spesso in grande anticipo rispetto al pericolo effettivo: pensiamo alla paura di un esame, a quella di un'operazione al timore di dover affrontare un colloquio di lavoro.

A volte però ci coglie inaspettatamente e, in questo caso, si mescola alla sorpresa.

Come distinguere la paura che proviamo dalla sorpresa?

Ci sono tre differenze fondamentali.

Innanzitutto, mentre la paura è un'esperienza tremenda, la sorpresa non lo è: può essere piacevole o spiacevole, mentre la paura, anche se lieve, è pur sempre sgradevole.

La paura influisce pesantemente sul nostro corpo, alterandone la pelle che impallidisce, accelerando i battiti del cuore, intensificando il respiro. Se la paura è enorme si può avere tremore, perdita di urina, svenimenti.

La seconda differenza è che si può aver paura anche di qualcosa che non ci sorprende, che si affronta per l'ennesima volta.

Solo nel momento in cui proviamo una paura inaspettata allora sul nostro viso si mescoleranno paura e sorpresa.

L'ultima differenza riguarda la durata. La sorpresa dura qualche frazione di secondo sul volto, è, di fatto, la più breve delle emozioni. La paura no. Quella imprevista e che si mescola con la sorpresa, può avvenire improvvisamente e avere breve durata, ma può anche crescere gradualmente: chi ha paura di prendere l'aereo sarà preoccupato al decollo ma il senso di paura lo accompagnerà per tutto il viaggio, crescendo inesorabilmente nel momento in cui si dovessero incontrare delle turbolenze.

La paura a volte sovrasta talmente la persona che questa non riesce a sopportarla: ci sarà allora un vero e proprio tracollo fisico.

La paura si può mescolare con qualsiasi altra emozione o comparire da sola; si può provare paura insieme a rabbia, a disgusto, a tristezza, addirittura a gioia: c'è chi gode della paura che prova, si pensi ad esempio a coloro che praticano sport estremi.

La mimica della paura

Tutte e tre le zone del viso sono attivate dalla paura: gli occhi sono aperti e con la palpebra inferiore tesa, le sopracciglia sono ravvicinate e sollevate, le labbra sono distese all'indietro.

Rispetto alla sorpresa le sopracciglia sono sollevate ma hanno gli angoli interni più vicini e le rughe che compaiono sulla fronte non attraversano tutto il viso.

Gli occhi appaiono ben aperti, la palpebra superiore è sollevata e quella inferiore contratta. Come nella sorpresa, la palpebra superiore scopre la parte bianca dell'occhio sopra all'iride. La differenza tra paura e sorpresa sta, infatti, nella palpebra inferiore che se nella paura è tesa, tanto da coprire talvolta parte dell'iride: nella sorpresa è, invece, rilassata.

Il movimento degli occhi può essere accompagnato o meno da quello della bocca. Nel caso in cui non lo fosse, e a muoversi fossero solo gli occhi, allora questo sarebbe la prova di una paura autentica anche se moderata.

Anche nella paura, le labbra sono aperte ma sono tese e tirate all'indietro, con gli angoli piegati verso il basso.

La mimica della paura varia a seconda dell'intensità dell'emozione provata, che può andare dal lieve timore al terrore mortale e queste sfumature si percepiscono soprattutto dal livello di espressione degli occhi: maggiore è l'intensità della paura, più sarà sollevata la palpebra superiore e più la bocca sarà spalancata e tesa.

La paura, come già detto, può essere mescolata anche ad altre emozioni.

La combinazione più frequente è quella tra paura e sorpresa, in quanto gli eventi che ci incutono timore sono perlopiù inaspettati. Nella maggior parte di queste espressioni miste paura/sorpresa, è la paura a dominare.

Il disgusto

Il disgusto rappresenta il sentimento del rifiuto, di repulsione verso qualcosa o qualcuno. Se l'emozione è molto intensa, si può addirittura avvertire nausea e vomito. L'istinto primitivo che ne nasce è quello di allontanare la cosa o la persona che ci provoca disgusto.

Il disgusto può essere accompagnato dalla rabbia: ci possiamo, infatti, arrabbiare, ad esempio, verso chi agisce in maniera disgustosa.

Ma il disgusto può mescolarsi anche a sorpresa, paura, tristezza e gioia: tra tante stranezze, infatti, c'è quella di chi va alla ricerca di sapori o odori sgradevoli per trarne godimento.

Nel disgusto è ricompreso anche il disprezzo e possiamo dire che ci sono persone che godono di questo sentimento: le persone altezzose, sono spesso oggetto dell'ammirazione degli altri e questo le porta a gioire nel dimostrarsi superbe e sprezzanti.

La mimica del disgusto

I segnali più importanti della mimica del disgusto riguardano soprattutto naso e bocca.

Il labbro inferiore si solleva alterando l'aspetto della punta del naso che può arricciarsi tanto più è profondo il sentimento di disgusto.

Il labbro inferiore può essere portato vero il basso o verso l'alto, le guance sono sollevate. La palpebra inferiore restringe l'occhio, creando numerose pieghe nella zona sottostante.

Come abbiamo già detto per le altre espressioni, anche per la mimica del disgusto vale il tempo in cui l'emozione permane sul volto. Se si manifesterà per pochi secondi sarà autentica, nel caso in cui, invece, dovesse protrarsi per più tempo allora sarà un disgusto simulato.

Come la paura anche il disgusto può variare di intensità.

Quando il disgusto è lieve, il naso sarà meno arricciato e il labbro superiore meno sollevato. In caso di un profondo disgusto, oltre ad accentuarsi i due segnali precedenti, si potrebbe avere la comparsa di una profonda piega nello spazio tra labbra e naso e, addirittura, la lingua potrebbe sporgersi fuori dalla bocca.

Una variazione dell'espressione di disgusto riguarda il disprezzo: quest'ultimo si manifesta perlopiù a labbra serrate e con un angolo della bocca sollevato. Un disprezzo più accentuato potrebbe portare, invece, a sollevare leggermente il labbro superiore da una parte, lasciando di poco scoperti i denti. Una manifestazione di disprezzo più lieve, invece, si può avere con la bocca sollevata, gli angoli fermi e il labbro superiore solo lievemente sollevato da una parte.

La rabbia

Molte possono essere le cause della rabbia, ma perlopiù possono essere ricondotte a quattro categorie principali: la frustrazione, la minaccia fisica, qualcosa che ci ferisce psicologicamente, la minaccia verso i valori che abbiamo più a cuore.

La rabbia stravolge il nostro corpo, quasi quanto la paura. La pressione sanguigna aumenta, si ha un rigonfiamento delle vene del collo, il viso si arrossa, tutti i muscoli si contraggono, ci si sporge in avanti, il respiro si altera.

Quando proviamo una rabbia molto accesa tutto il nostro corpo sembra teso per riuscire a colpire qualcosa: non necessariamente però passiamo all'attacco fisico, più volte esprimiamo questo sentimento limitandoci alle parole, le persone più contenute addirittura con un atteggiamento controllato. Ci sono persone che sanno dominare molto bene la rabbia, non facendola trasparire all'esterno: perlomeno non con comportamenti tipici o eclatanti.

La rabbia varia di intensità dal fastidio a furore, e può anche procedere per gradi, iniziando lievemente e poi esplodendo tutta insieme.

Anche nella rabbia ci sono differenze di durata: c'è chi riesce a calmarsi subito, e chi invece continua ad avere altri attacchi di collera.

La mimica della rabbia

Per capire se una persona è realmente arrabbiata, si devono avere alterazioni di tutte e tre le aree del viso: così le sopracciglia devono essere abbassate con gli angoli interni ravvicinati, le palpebre sono tese e gli occhi sono duri e fissi; le labbra possono essere serrate o scoprono i denti formando una specie di riquadro.

La differenza della posizione delle sopracciglia rispetto alla paura è che, se in entrambi i casi gli angoli interni sono ravvicinati, nella paura le sopracciglia appaiono sollevate, mentre nella rabbia sono abbassate.

Nella rabbia, inoltre, tra gli angoli interni delle sopracciglia compaiono due rughe verticali.

Gli occhi possono apparire in una forma più stretta o più aperta: la palpebra inferiore è tesa ma non necessariamente sollevata, quella superiore e tesa e può risultare abbassata. Il tratto comune alla rabbia è lo sguardo, che deve essere duro e penetrante e a volte gli occhi possono sembrare sporgenti.

Da tenere in considerazione che il sollevamento della palpebra inferiore si può notare anche in assenza degli altri segnali del volto: in questo caso però non necessariamente esprimerebbe rabbia, potendo indicare anche concentrazione, serietà, determinazione.

La bocca appare serrata o aperta a seconda del modo in cui si sta manifestando la rabbia. La bocca serrata si ha in due casi estremi: o quando si sta cercando di controllare il proprio comportamento, trattenendosi per non dire o fare qualcosa di spiacevole, o quando si è passati all'azione alzando le mani verso l'avversario.

La bocca si apre quando, invece, abbiamo deciso di aggredire verbalmente colui verso il quale la rabbia è indirizzata.

La felicità

La felicità è, tra tutte le emozioni, quella più piacevole. Se disgusto, paura, tristezza e rabbia hanno tutti una connotazione negativa e la sorpresa è identificabile come neutra, la felicità è senza dubbio positiva.

La felicità può essere collegata a un piacere fisico, all'eccitazione, alla fine di un dolore, al miglioramento dell'immagine di sé.

Come abbiamo già visto, anche la felicità può non essere un'emozione a se stante, ma si può combinare con le altre emozioni, addirittura con la paura, la rabbia e il disgusto.

La mimica della felicità

Nella mimica del viso è abbastanza facile capire quando una persona è felice. I vari esperimenti di Paul Ekman hanno dimostrato la facilità di riconoscimento dell'espressione di felicità in molte culture diverse.

In questa emozione, poco intervengono le sopracciglia e sono perlopiù coinvolte le altre due aree del viso.

In tutte le mimiche che interessano la felicità, gli angoli della bocca sono tirati indietro e leggermente sollevati.

Le labbra, invece, possono assumere posizioni diverse: restare unite, dischiudersi leggermente lasciando scoperti i denti, oppure allargarsi in un sorriso a "tutta bocca", lasciando scoperte a volte addirittura le gengive. Le guance si sollevano e compaiono due rughe ai lati della bocca e del naso.

La pelle sotto la palpebra inferiore viene spinta verso l'alto, consentendo la formazione di rughe sotto l'occhio e negli angoli esterni di questi.

L'intensità dell'emozione è associata alla posizione delle labbra: maggiore è l'estensione della bocca, maggiore è l'intensità del sentimento, indipendentemente dall'apertura delle labbra.

La tristezza

Dice Ekman che la tristezza è un sentimento passivo, non attivo. Nella tristezza si soffre in silenzio.

Le cause della tristezza possono essere molteplici ma, in genere, la tristezza è associata a una perdita: la perdita di una persona, di un'opportunità, della salute.

La tristezza è un sentimento che raramente ha breve durata, a volte può durare ore e giorni interi.

Per quanto sia un'emozione passiva, il corpo ne è inevitabilmente coinvolto e ne lancia i segnali: si riduce l'attività, rallenta la circolazione, la muscolatura si inflaccidisce, il volto diventa pallido, guance, bocca e sguardo sono rivolti verso il basso come se dovessero sopportare un peso.

Bisogna distinguere la tristezza dal dolore. Il dolore può essere determinato da circostanze fisiche o psicologiche ed è un sentimento attivo: si piange, ci si dispera, ci si lamenta, si tenta di reagire ed eliminare la fonte del dolore. Quando il dolore si attenua è allora che prende spazio la tristezza.

Anche la tristezza può variare d'intensità, da una lieve malinconia a quella estrema e profonda del lutto: ma è da sottolineare che non è detto che la tristezza acuta sia meno intensa del dolore. Semplicemente chi la prova può essersi rassegnato al dolore o aver deciso di viverlo in modo più intimo.

Il dolore è comunque più facilmente riconoscibile della tristezza: i segnali di quest'ultima non sempre sono così chiari, soprattutto a uno sguardo superficiale.

La mimica della tristezza

Nella sua forma più intensa, la tristezza può non presentare indizi visibili a livello del viso, a parte la perdita di tono dei muscoli facciali.

È nella tristezza meno profonda come nel passaggio dal dolore acuto alla tristezza che, invece, compaiono sul volto segni caratteristici.

Nella mimica della tristezza vengono attivate tutte e tre le aree facciali.

Gli angoli interni delle sopracciglia sono sollevati e possono essere ravvicinati. Da notare che nella paura sono tutte le sopracciglia a essere sollevate, mentre nella tristezza sono solo gli angoli a esserlo.

Il movimento delle sopracciglia va a influenzare anche quello della palpebra superiore che appare sollevata. In genere, l'atteggiamento di sopracciglia e occhi appare accompagnato dalla mutazione della parte inferiore del viso, ma non sempre questo accade. Nel caso in cui appaiano segnali solo nella parte superiore, molto probabilmente si tratta di una tristezza lieve. Se questo movimento occhi/sopracciglia appare e scompare istantaneamente durante una conversazione, può servire da "punteggiatura" volendo sottolineare certe parole.

Anche la palpebra inferiore può essere coinvolta nel movimento del viso: è nel momento in cui la tristezza si fa più intensa che la palpebra inferiore appare sollevata e lo sguardo si dirige verso il basso.

La bocca, nella mimica della tristezza, può presentare due diversi atteggiamenti. Può avere gli angoli rivolti all'ingiù o presentare le labbra allentate tipiche della bocca tremante di chi è prossimo al pianto.

Se la tristezza si manifesta solo nella parte inferiore del viso, senza coinvolgere occhi e sopracciglia, allora siamo di fronte a una possibile ambiguità: l'atteggiamento della bocca potrebbe stare a significare disprezzo, sfida o qualunque altra cosa.

Paradossalmente, una tristezza più intensa potrebbe manifestarsi con l'assenza di qualsiasi segnale a causa della perdita di tono muscolare.

DALLA TEORIA ALLA PRATICA

Molto spesso ci affidiamo all'osservazione del linguaggio del corpo e della mimica facciale per cercare di capire se una persona è sincera con noi.

Se con le parole è più facile mentire, infatti, con la mimica la questione si complica parecchio.

Certamente, in molte culture si abituano già i bambini a dissimulare le emozioni: a moderare la rabbia e a non farla trasparire, a non sorridere di fonte a piccoli divertenti incidenti capitati ad altri, a mascherare la paura o la tristezza. Nonostante questo, le alterazioni della mimica facciale avvengono in maniera automatica e, soprattutto se presi alla sprovvista, mimetizzare l'emozione che compare sul nostro volto appare impossibile. Pensiamo a un forte e improvviso spavento, ad esempio.

Quindi, perlopiù, il linguaggio del corpo non mente.

Per quanto riguarda le espressioni del viso, ci sono alcuni "capisaldi" o luoghi comuni che guidano il nostro istinto quando si tratta di interpretare il linguaggio silenzioso dell'altro, che sono:

gli occhi non mentono;

bisogna diffidare di qualcuno che dichiara a parole di provare un'emozione ma non la dimostra con segnali espliciti del corpo;

se una persona dice di provare un'emozione negativa sorridendo, si può credere o al sorriso o alle parole, a seconda della situazione;

se il viso mostra un'emozione che non è raccontata dalle parole che dice, bisogna credere a quello che dice il viso.

Queste regole in molti casi funzionano, ma vanno perfezionate, soprattutto se ci troviamo davanti qualcuno che ha imparato a mentire anche con la mimica facciale.

In questo breve scritto abbiamo provato a dare una panoramica dei principali elementi che caratterizzano il linguaggio del corpo. Tuttavia, la materia è oltremodo

91

estesa e complessa e sempre oggetto di nuovi studi e approfondimenti.

Ci possiamo divertire a riconoscere gli atteggiamenti degli altri e a dare una nostra possibile interpretazione, a scrutare la mimica facciale delle persone che conosciamo per capire se sono veramente leali e sincere nei nostri confronti. Ma tutto questo non può essere più che un gioco. Tantissimi fattori, infatti, possono influenzare l'atteggiamento corporeo o la mimica facciale di una persona. Basta che vi troviate di fronte una patita del botox perché le indicazioni qui descritte vengano drasticamente meno.